AF546275

Petra Hillebrand

Hinter dem Horizont

Petra Hillebrand

HINTER DEM HORIZONT

Kurzgeschichten und Impulstexte
für Abschied, Tod und Trauer

Mit Zeichnungen der Autorin

Tyrolia-Verlag · Innsbruck-Wien

INHALTSVERZEICHNIS

Du 7
Reise über den Horizont 8
Sehnsucht nach mehr 11
Danke, Opa! 12
Die Gipfelstürmer 14
Beim Namen gerufen 17
Die Frage 18
Vom Sterben 20
Tunnel ins Licht 22
Bunte Erinnerungen 25
Der Baum und das Blatt 26
Weg zu dir 29
Letztes Frühstück zu zweit 30
Worte an dich 34
Von Sonne, Mond und Sternen 35
Heller als die Sonne 37
Bis zum Ende des Regenbogens
und wieder zurück 38
Brücke ins Paradies 42
Die Siegerin 44
Nach Hause 47
Von der Hoffnung der Seidenraupen 48
Warum 51
Abschiedsworte im Herbst 52
Der Ahornbaum 53

Du fehlst uns 55
Irgendwann vielleicht 56
Der Atheist 58
Alles und nichts 60
Schlafes Bruder 61
Die Filzkugel 62
Für dich 66
An der Schwelle des Lebens 67
Was uns erdet 70
Abschied von Lucie 71
Wenigstens ein bisschen 73
Das Apfelbäumchen 75
Noch ehe du kamst 78
Für immer in unseren Herzen 79
Die Suche nach dem glücklichsten Menschen 80
Erfüllung 85
Trauerwolken 86
Danke, Papa! 88
Wider die Angst 89
Danke, Oma! 90
Engelsflügel 91
Leb wohl, kleiner Engel 95
Fluchtende 96
Windzeichen 98
Als du gingst 100
Sternengeflüster 101

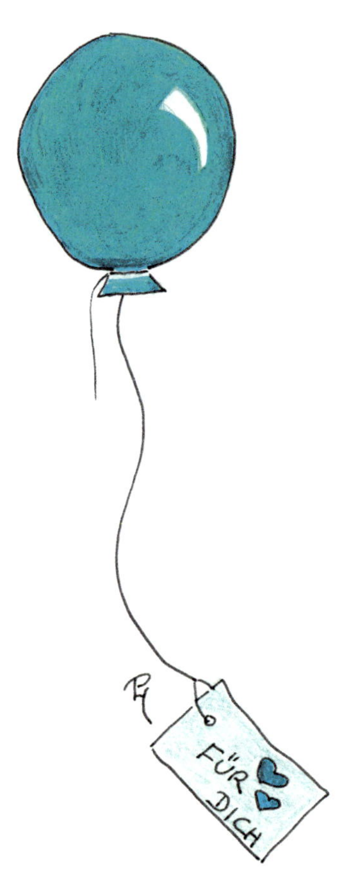
FÜR
DICH

DU

wer dich gekannt
weiß
was uns fehlt

wer dich geliebt
spürt
was uns hält

REISE ÜBER DEN HORIZONT

Ein Fischer spürte, dass sein Leben langsam mühsam wurde. Bisher war er täglich mit seinem Boot hinausgefahren, um die Netze auszuwerfen. Nun, da er alt und müde geworden war, beschloss er, sein Boot mitsamt der Fischereilizenz seiner Tochter zu übertragen.

Er räumte sein Haus auf und brachte auch den Garten auf Vordermann. Als er alles erledigt hatte, begann er sich zu verabschieden.

Besonders schwer fiel ihm der Abschied von seinen Enkelkindern. Ihnen ging es ebenso, denn sie liebten ihren Opa über alles. Außerdem waren sie sehr klug und bedrängten ihn mit Fragen.

„Opa“, fragte die Enkeltochter, „wenn du stirbst, wirst du dann wirklich nichts mehr sagen können?“

„So ist es“, antwortete der Fischer. „Das ist auch der Grund, warum es mir so wichtig ist, jetzt mit euch zu reden. Ihr könnt mir Fragen stellen, so viele ihr wollt. Ich werde versuchen, auf jede eine Antwort zu finden.“

Sein Enkelsohn zupfte ihn am Ärmel. „Wenn du dich nach deinem Tod nicht mehr bemerkbar machen kannst, wie sollen wir dann wissen, dass du noch in unserer Nähe bist?“

Der Fischer nahm seine Enkel und ging mit ihnen zum Strand. „Ihr werdet mich spüren. Hört ihr die

Wellen? Sie kommen und gehen und sind stets in Bewegung. Fühlt ihr den Wind auf eurer Haut? Er streicht über euch hinweg, begibt sich auf eine weite Reise und ist trotzdem da. Riecht ihr die Meeresbrise, die mit Salz, Tang und Fischen gewürzt ist? Wenn ihr am Strand die Augen schließt, werdet ihr sie einatmen. Und wenn ihr dabei an mich denkt, wird es euch vorkommen, als stünde ich direkt neben euch."

Seine Enkeltochter hatte noch eine wichtige Frage an ihn. „Das mit dem Leben nach dem Tod, Opa, – wie sollen wir uns das vorstellen?"

Der Fischer sah lange aufs Meer hinaus. Plötzlich erhellte sich sein Gesicht und er zeigte nach vorn.

„Seht ihr das Schiff, das dort fährt? Bald wird es hinter dem Horizont verschwinden. Und trotzdem wird es weiterfahren. Nur eben auf einem Teil des Meeres, den wir nicht einsehen können. So ähnlich könnt ihr euch das mit dem Weiterleben nach dem Tod vorstellen. Wenn jemand stirbt, geht er über den Horizont hinaus, aber niemals für immer fort. Er bleibt in der Nähe seiner Lieben, ist für diese aber nicht mehr sichtbar."

„Wirst du das Meer dann noch spüren können?", fragte der Enkelsohn.

Da lächelte sein Opa, denn das war eine Frage, die er sich auch schon gestellt hatte.

„Die Wellen werden mich tragen. Der Wind wird mich streicheln und mir das Gefühl geben, frei wie eine Möwe zu sein. Und mir wird alles sehr vertraut vorkommen. Denn das Leben ist wie das Meer. Es besteht aus unzähligen kleinen Teilen, die zusammenfließen. Und das, was am Ende dabei herauskommt, ist so gewaltig, dass es weit über den Horizont hinausreicht."

SEHNSUCHT NACH MEHR

am Anfang
die Luft zum Atmen

ein und aus
wie Ebbe
und Flut

am Ende
mit einem Seufzen
der Tod

dazwischen
ein Sprudeln

wellenschlagend
bis zum Horizont
das Leben

und tief in uns
die Sehnsucht

nach mehr

DANKE, OPA!

Danke, Opa,

... dass du für mich da warst und mir immer das Gefühl gegeben hast, in deinem Haus willkommen zu sein,

... dass du in mir die Begeisterung fürs Schwammerlsuchen geweckt hast,

... dass du an einen Gott geglaubt hast, dessen unerschütterliche Liebe alle Menschen miteinander verbindet, und dass du mir immer wieder davon erzählt hast,

... dass du so vieles für mich repariert hast. Das hat mir gezeigt, dass es für fast alles eine Lösung gibt, selbst dann, wenn es erst gar nicht so aussieht.

Danke, Opa,

… dass ich mich in deiner Nähe so wichtig fühlen durfte,

… dass du mit mir gelacht und das Leben genossen hast,

… dass du versucht hast, mir alle Warum-Fragen zu beantworten, und ehrlich zugegeben hast, wenn dir auf eine besonders knifflige Frage keine Antwort einfiel.

Ganz besonders bedanken möchte ich mich aber für deine große Liebe, die mich immer auf meinem Weg begleiten wird.

Was müsste an diesem Text geändert werden, damit er Ihrem Großvater entspricht? Wofür möchten Sie Ihrem Opa Danke sagen?

DIE GIPFELSTÜRMER

Einst lebte am Fuße eines hohen Berges eine weise, alte Frau. Sie war gastfreundlich und hatte für alle ein offenes Ohr.

Es hatte sich herumgesprochen, dass sie nicht nur gut zuhören, sondern auch interessante Geschichten erzählen konnte. Viele kamen, um sich von ihren Erzählungen inspirieren zu lassen, und klopften an die Hüttentür. Manchmal mussten sie sich auf die Holzbank vor der Hütte setzen und warten, denn die alte Frau war oft schon früh am Morgen unterwegs zum Gipfel. Wenn sie dann wiederkam, war sie gut gelaunt und hatte für alle eine stärkende Jause parat.

Nach der Stärkung in der Hütte schulterten die Gipfelstürmer ihren Rucksack und wanderten los. Sie hatten viele Möglichkeiten, den Berg zu besteigen, und mussten sich für eine Variante entscheiden. Manche Wege waren steil, andere boten angenehme Rastplätze oder atemberaubende Ausblicke. Es gab moosbewachsene Pfade unter Bäumen und Wege, die über sonnenbeschienene Almwiesen führten. Manchmal waren auch Hindernisse wie reißende Bäche oder tiefe Schluchten zu überwinden. Alle, die unterwegs zum Gipfel waren, mussten ihrem Instinkt folgen. Denn Wegweiser gab es keine.

Zur gegebenen Zeit kamen die Gipfelstürmer ans Ziel. Eines war aber eigenartig: Wann immer sie den Gipfel erreichten, die weise, alte Frau saß bereits oben und erwartete sie.

Einen Wanderer wurmte das. Er hatte sich wochenlang auf diese Bergtour vorbereitet. Trotz seiner Kondition war er langsamer gewesen als die alte Dame. Das konnte doch nicht mit rechten Dingen zugehen!

„Ich bin so gut vorwärtsgekommen und habe kaum eine Rast gemacht. Wie kann es sein, dass du trotzdem vor mir da warst?", fragte er. „Es muss eine Abkürzung geben. Du hättest sie mir verraten sollen."

„Damit hätte ich dir keinen guten Dienst erwiesen", antwortete die weise Frau. „Denn den Adler, der sich vor dir in die Lüfte erhoben hat, den hättest du dann nicht gesehen."

Da musste er ihr Recht geben. Und je länger er darüber nachdachte, desto mehr Wunder am Wegrand fielen ihm ein, die den mühsamen Aufstieg wert gewesen waren.

Er zeigte ihr voller Stolz den Bergkristall, den er in einer Höhle entdeckt hatte. Und die weise Frau freute sich mit ihm, dass er auf seinem Weg etwas so Wertvolles gefunden hatte.

„Warum zeichnest du keine Wanderkarten und verkaufst sie?“, fragte der Gipfelstürmer. „Du kennst diesen Berg besser als jeder andere. Durch deine Tipps hätte ich gewusst, in welche Richtung ich gehen muss, und hätte mir den anfänglichen Holzweg erspart. Ich hätte nicht umzukehren brauchen und wäre flugs oben gewesen.“

„Das stimmt“, antwortete die weise Frau. „Schneller ans Ziel wärst du gekommen. Aber deinen Weg hättest du dann nicht gefunden.“

BEIM NAMEN GERUFEN

als Gott
dich beim Namen rief

folgtest du
ihm nach

um deinen Weg
in seinem Namen

zu vollenden

DIE FRAGE

Im Krankenhaus begleitete eine Krankenschwester ihre Patientin zum Arztzimmer. Weil es der Patientin so wichtig war, hatte die Krankenschwester ihr versprochen, während des ganzen Arztgesprächs dabeizubleiben. Die Ergebnisse der letzten Computertomographie waren da und der Arzt teilte sie der Patientin mit besorgter Miene mit.

„Muss ich jetzt sterben?“

Die Stimme der Patientin zitterte, aber ihr Blick war offen und klar.

Der Arzt zögerte. Sollte er ihr die Wahrheit sagen? Dass er alles in seiner Macht Stehende getan hatte und sie trotzdem bald tot sein würde. Dass er Angst vor ihrer Verzweiflung hatte und dass er diese Ohnmacht kaum aushielt.

Er atmete tief durch. Aber auf ihre Frage ging er nicht ein.

„Wir könnten noch eine Therapie machen“, schlug er stattdessen vor. „Eine andere Chemotherapie, bei der Ihnen die Haare nicht ausfallen. Wir könnten es zumindest versuchen. Denn wir haben noch nicht alles ausgeschöpft.“

Weil er dabei den Blick senkte, entging ihm, dass seine Antwort der Patientin keine Erleichterung brachte. Denn nun musste sie weiterkämpfen, obwohl sie unglaublich müde war. Einen Kampf, von dem sie gespürt hatte, dass er eigentlich schon verloren war. Aber konnte sie ihrem Gefühl jetzt überhaupt noch trauen?

Vor allem aber war sie enttäuscht. Sie hätte sich so gewünscht, Mitgefühl in seinen Augen zu sehen, vielleicht sogar ehrliches Bedauern. Stattdessen signalisierte ihr sein Blick auf die Uhr, dass das Gespräch nun beendet war.

Wieder eine Chance vertan, dachte sich die Krankenschwester, als sie die Patientin in ihr Zimmer zurückbrachte. *Dabei hätte eine ehrliche Antwort so viel Positives bewirken können.*

VOM STERBEN

vielleicht
ist Sterben
wie das Zittern

das durch ein Blatt fährt
ehe es sich
loslöst

von allem
was ihm bisher vertraut war

um sich
ganz hinzugeben

im freien Fall

TUNNEL INS LICHT

In einer Salzwasserhöhle einer karibischen Insel lebte ein großer Fischschwarm.

Ein Fisch in diesem Schwarm hieß Jerino. Er wollte wissen, wie es außerhalb der Höhle aussah. Aber keiner konnte es ihm sagen. Von Anfang an war ihm eingetrichtert worden, dass er an den Höhleneingängen gut auf sich aufpassen sollte. Beim hinteren Höhleneingang gab es nämlich einen gefährlichen Strudel. Schwamm ein Fisch zu nahe an ihn heran, wurde er mit solcher Kraft zurückgeschleudert, dass er gegen die Felswand prallte.

Der vordere Höhlenausgang war aber noch viel gefährlicher. Er führte in den gefürchteten Tunnel ohne Wiederkehr. Kamen Fische in dessen Sog, wurden sie mitgerissen und waren für immer fort.

„Wo diese Fische wohl gelandet sind?", fragte sich Jerino.

Der Schwarmälteste ließ betrübt die Flossen hängen. „Kannst du es dir denn nicht denken? Schau doch hin! Dann weißt du es."

Jerino schaute in die reißenden Fluten und hatte dabei ein mulmiges Gefühl. Aber dann fiel ihm etwas ein. „Es könnte doch sein, dass es dort, wo die reißende Strömung aufhört, viel schöner ist als bei uns. Vielleicht treffen die Verschwundenen da wieder zusammen und sind froh, dass sie den düsteren Tunnel hinter sich lassen konnten."

Der Schwarmälteste seufzte. Denn das, was er Jerino erklären wollte, war gar nicht so einfach. Aber irgendwann musste er es ihm wohl sagen. Und vielleicht war jetzt der richtige Zeitpunkt dafür.

„Alle, die in den Tunnel ohne Wiederkehr geraten sind, sind tot, Jerino. Es ist also völlig egal, wie es hinter dem Tunnel aussieht, denn es nützt ihnen nichts mehr. Sei doch vernünftig und hör mit deinen Träu-

mereien auf! Sonst bringst du die anderen noch ganz durcheinander!"

Da ließ auch Jerino seine Flossen hängen. Aber nicht lange, denn irgendwie konnte er sich nicht vorstellen, dass nach dem Strudel alles aus sein sollte. Er hoffte, dass es hinter dem Tunnel noch etwas anderes gab. Etwas, das alles Aussichtslose in ein anderes Licht rückte.

Jerino schwamm in der Höhle seine Bahnen und wurde älter. Und eines Tages geschah es: Er schwamm zu nahe an den Tunnel ohne Wiederkehr heran und wurde von der Strömung mitgerissen. Der starke Sog zog ihn in die Tiefe und schleuderte ihn hin und her.

Erst kämpfte Jerino gegen die reißende Strömung an, aber dann überkam ihn ein Gefühl des Friedens und er ließ los. Als die Dunkelheit ihn völlig bedeckte, war er schon nicht mehr bei Bewusstsein.

Sein lebloser Körper kam dem Ende des Tunnels immer näher und damit auch den Lichtstrahlen, die von außen hereinfielen. Hier endete die Dunkelheit und gab den Blick auf ein buntes Korallenriff frei. Und die Strömung trug Jerino sanft ins Land seiner Träume.

BUNTE ERINNERUNGEN

weder Worte
noch Farben
können ausdrücken

was du uns
gewesen bist

und doch
hat die Zeit mit dir

uns im Bunten der Natur
für jeden Tag
ein Denkmal gesetzt

DER BAUM UND DAS BLATT

Inmitten einer Blumenwiese stand ein majestätischer Baum. Seine Blätter hielt er mit seinen Ästen stolz in die Sonne. Wenn das Wetter sich verschlechterte, schaukelte er die Blätter im Wind und half ihnen so, die schweren Regentropfen abzuschütteln.

Der Baum liebte seine Blätter und erzählte ihnen Geschichten über das Leben. Er versuchte, sie auf den Herbst vorzubereiten, wo sie sich gelb verfärben und auf die Erde fallen würden. Aber noch waren die Blätter grün und genossen die Frühlings- und Sommertage.

Ein Blatt auf dem Baum dachte lange über das Sterben nach und auch über das Leben und die Liebe. Manchmal schaukelte das Blatt mit den anderen Blättern sorglos vor sich hin, aber es gab auch Zeiten, da ließ es das Schaukeln einfach nur über sich ergehen und fühlte sich trotz der vielen anderen Blätter schrecklich allein. In solchen Momenten zog es sich in sich zurück, war traurig und fürchtete sich vor dem nächsten Gewitter.

Weil es den Baum und die anderen Blätter nicht beunruhigen wollte, versuchte das Blatt, seine Not so gut es ging zu verbergen. Oft weinte und zitterte es in der Nacht, aber erst, wenn alle anderen schliefen.

Eines Tages war der innere Druck so groß, dass das Blatt sein Dasein auf dem Baum nicht mehr aushielt.

Obwohl es Angst hatte und nicht wusste, was danach geschehen würde, löste es sich vom Zweig und sprang. Lautlos fiel es auf den Boden.

Die anderen Blätter waren furchtbar traurig darüber, denn das Blatt fehlte ihnen sehr.

„Warum ist es schon gegangen? Es war doch noch so grün“, flüsterten die einen.

„Wir hätten noch so viel Zeit miteinander verbringen können“, sagten die anderen.

Und sie fragten sich, ob sie irgendetwas hätten tun können, um den Sprung des Blattes zu verhindern.

Der Baum war besonders betrübt, denn auch er hatte das Blatt nicht halten können.

„Bist du enttäuscht, dass es einfach losgelassen hat?“, fragte ihn der Wind.

„Nein“, antwortete der Baum, „nur traurig. Darüber, dass ihm durch sein frühes Weggehen auch viel Schönes entgangen ist.“

Und weil der Baum sein Blatt so vermisste, weinte er.

Da strich der Wind vorsichtig über seine Zweige und versuchte ihn zu trösten.

„Die Wiese hat dein Blatt aufgenommen und es behutsam zwischen ihren Blumen zur Ruhe gebettet. Und wenn die anderen Blätter im Herbst ihre lange

Reise antreten, werde ich sie begleiten und ein wenig lenken. So werden sie sich genau dort niederlassen, wo das grüne Blatt bereits gelandet ist.

Und alle werden sie Frieden finden, weil es dort keinen Schmerz, keine Angst und kein Leid mehr gibt."

WEG ZU DIR

auch
wenn es ohne dich
noch so schmerzt

müssen wir unseren Weg
doch weitergehen

um irgendwann
dort anzukommen

wo du schon
auf uns warten wirst

LETZTES FRÜHSTÜCK ZU ZWEIT

„Dreimal darfst du raten, wen ich gestern getroffen habe."

Wie immer war Angela beim Frühstück voller Energie und gut gelaunt. Sie schaute ihren Lebensgefährten Stefan erwartungsvoll an.

„Hm", brummte Stefan und blätterte in seiner Zeitung. Er schenkte ihren Erzählungen kaum Beachtung. Schweigend trank er seinen Kaffee und hatte ihre Frage bald wieder vergessen.

Angela seufzte. Sie stellte ihre Kaffeetasse in die Spüle und küsste Stefan zum Abschied auf die Wange.

„Tschüss, du Brummbär!"

Als sie ins Auto stieg und davonfuhr, atmete Stefan auf. Nun konnte er ungestört weiterlesen.

Auf dem Weg zur Arbeit verunglückte Angela. Sie geriet mit ihrem Auto ins Schleudern und prallte gegen einen Baum. Der Notarzt konnte nur mehr ihren Tod feststellen.

Die ersten Tage nach ihrem Unfalltod war Stefan wie betäubt. Er verständigte Freunde und Verwandte. Die Beerdigung musste organisiert werden. Der Bestatter war ihm bei den notwendigen Erledigungen eine große Hilfe.

Eine Woche später war alles vorbei. Die Beerdigung, die Beileidsbekundungen, die Behördenwege …

Angelas Grab war im alten Teil des Waldfriedhofes, ein Foto von ihrem lebensfrohen Gesicht auf einem Holzkreuz. Alles war so unwirklich.

20 Jahre lang war Angela an Stefans Seite gewesen. Und nun war er allein. Oft hatte er sich am Frühstückstisch mehr Ruhe gewünscht. Aber jetzt war die Stille beim Zeitunglesen so bedrückend, dass der Kaffee schal schmeckte.

Stefan haderte damit, dass seine Lebensgefährtin so früh hatte sterben müssen. „Wenn ich es doch geahnt hätte", seufzte er an ihrem Grab, „ich hätte versucht, dich zurückzuhalten. Und wenn du trotzdem gefahren wärst, hätte ich dir beim letzten gemeinsamen Frühstück zumindest in die Augen geschaut. Könnte ich die Zeit zurückdrehen, würde ich alles anders machen. Dir zuhören, mit dir reden, dich umarmen, dich küssen, alles tun, um dir zu zeigen, wie lieb ich dich hab."

Stefan verbrachte viele Stunden am Grab von Angela. Je mehr er darüber nachdachte, desto größer wurde sein Bedauern über den Verlauf ihres letzten gemeinsamen Morgens.

Sein Freund Tom machte sich Sorgen um ihn. Er besuchte Stefan, versuchte ihn zu Unternehmungen zu überreden und führte lange Gespräche mit ihm. So erfuhr er, was Stefan neben der Trauer um Angela am meisten bedrückte. Dass er Angela manchmal zu wenig Beachtung geschenkt hatte und ihr deshalb nicht gerecht geworden war.

Eines Morgens hatte Tom eine Idee. Er füllte einen Korb mit frischem Brot, Butter, Marmelade, einer Thermoskanne mit Kaffee und Frühstücksgeschirr. Mit dem Picknickkorb in der Hand klingelte er an der Tür seines Freundes. Seit Angelas Tod sah Stefan keine Notwendigkeit mehr, am Wochenende früh aufzustehen. Entsprechend abweisend verhielt er sich, als er seinem Freund die Tür öffnete.

„Komm schon!“, drängte Tom. „Wir machen ein Frühstückspicknick. Alles Weitere erkläre ich dir unterwegs.“

Als Stefan merkte, wohin der Weg sie führte, blieb er stehen. „Was soll das? Ich gehe doch nicht zum Friedhof picknicken!“ Verärgert wollte er umkehren.

Doch Tom blieb hartnäckig. „Vertrau mir! Es gibt so viele schöne Momente, die du mit Angela erlebt hast. Sie sind es wert, dass du sie dir wieder ins Gedächtnis rufst. Vieles, das du mit Angela geteilt hast, war schön. Weil du so oft über den Verlauf eures letzten Frühstücks geklagt hast, werden wir Angela zu Ehren noch einmal richtig frühstücken. In meinem Picknickkorb habe ich alles für ein Frühstück dabei. Wir können uns auf der Bank vor Angelas Grab niederlassen, unseren Kaffee trinken und gemeinsam an sie denken."

So kam es, dass Stefan das letzte Frühstück mit Angela wiederholte. Er rückte den Rosenstrauß unter ihrem Foto zurecht und schaute lange in ihre lachenden Augen. Er erinnerte sich an vieles, das er mit seiner Lebensgefährtin erlebt hatte, und entschuldigte sich bei ihr für alles, was er versäumt hatte. Und als er an seiner Kaffeetasse nippte, hatte er das erste Mal wieder das Gefühl, dass ihm der Kaffee schmeckte.

WORTE AN DICH

so vieles

wollte ich dir
noch sagen

und hoffe
irgendwann so zu reden

als wärst du
direkt neben mir

VON SONNE, MOND UND STERNEN

Udo liebte die Sonne. Sie schien für ihn und wärmte ihn den ganzen Tag. Am Abend schenkte sie ihm einen wunderschönen Sonnenuntergang.

Als die Sonne untergegangen war, war Udo untröstlich.

„Es ist so dunkel. Wie soll es ohne Sonne bloß weitergehen?", klagte er und weinte bitterlich.

Dass er am dunklen Himmel den Mond und die Sterne sah, tröstete ihn ein bisschen. Aber leider nur ein bisschen, denn die Sonne fehlte ihm schrecklich.

„Sie ist nicht für immer fort. Du kannst sie im Moment nur nicht sehen. Bald wird sie wiederkommen", versprach der Mond.

Aber Udo glaubte ihm nicht und fürchtete sich in der Nacht.

Es folgte der Morgen. Mit ihm kamen die Dämmerung und die aufgehende Sonne. Im feierlichen Morgenrot begrüßte sie Udo und tat das, was sie am besten konnte. Sie schickte ihre Strahlen aus, machte den Tag hell und angenehm warm.

„Wo bist du gewesen?", fragte Udo.

„Immer da", antwortete die Sonne.

„Aber es war dunkle Nacht und ringsum war kein Schimmer von dir", rief Udo. „Warum hast du mich so lange allein gelassen? Du hast mir so gefehlt."

Die Sonne war gerührt. Und sie leuchtete noch ein wenig heller, weil sie ihn so gern hatte.

„Du hast doch den Nachthimmel gesehen“, sagte sie. „Von wegen, kein Schimmer von mir! Es waren meine Strahlen, die den Mond und die Sterne zum Leuchten gebracht haben.“

Da staunte Udo. Was seine Sonne alles konnte! Es kam ihm vor wie ein Wunder.

So verging der Tag und mit ihm kam wieder die Nacht. Mond und Sterne sorgten mit ihrem matten Licht dafür, dass das Dunkel nicht ganz so bedrückend war.

Natürlich vermisste Udo die Wärme der Sonne und war traurig, weil er ihr helles Licht nicht sehen konnte. Aber diesmal war seine Verzweiflung nicht ganz so groß. Denn er hatte gelernt, zu vertrauen, und wartete darauf, dass die Sonne wieder aufgehen würde.

HELLER ALS DIE SONNE

du warst uns
wie die Sonne

schenktest
unseren Tagen
Licht

sei jetzt unser Stern
und erhelle
unsere Nacht

BIS ZUM ENDE DES REGENBOGENS UND WIEDER ZURÜCK

Agnes wusste, dass sie bald sterben würde. Die Nervenerkrankung, an der sie litt, war weit fortgeschritten. Von so vielen Dingen hatte sie sich in den letzten Monaten verabschieden müssen. Doch der schwerste Abschied stand ihr noch bevor.

Acht und sechs Jahre alt waren ihre Kinder jetzt. Sich vorzustellen, dass sie ihre Jungs bald allein lassen musste, brach ihr das Herz.

Felix würde im Herbst in die Schule kommen und Martin hatte in eineinhalb Monaten Geburtstag. Ob sie es bis dahin noch schaffen würde? Agnes hoffte es.

Sie spürte einen Kloß im Hals. Mit Rolf hatte sie vereinbart, den Kindern immer die Wahrheit zu sagen. Sie sollten vom bevorstehenden Abschied erfahren und dadurch die Möglichkeit bekommen, die gemeinsame Zeit mir ihr auszukosten. Aber ob das auch gelingen würde?

Agnes fürchtete sich vor dem bevorstehenden Gespräch. Mit gesenktem Kopf saß sie in ihrem Rollstuhl und weinte.

Weil es regnete, hatte Rolf nicht nur Felix vom Kindergarten abgeholt, sondern auch Martin von der Schule. Er parkte das Auto in die Garage. Die Kinder rannten zu Agnes ins Wohnzimmer.

„Warum weinst du, Mama?“, fragte Felix. „Tut dir etwas weh?“

Martin kuschelte sich an sie. „Ist es, weil du ins Hospiz musst? Papa hat es uns schon erklärt. Dort werden sie dafür sorgen, dass du keine Schmerzen mehr hast.“

Felix tupfte ihr die Tränen ab. „Du musst nicht traurig sein. Wir kommen dich jeden Tag besuchen. Papa hat gesagt, dass wir dort sogar schlafen können. Aber nur, wenn es dir nicht zu viel wird. Es wird dir doch nicht zu viel, Mama, oder?“

Agnes versuchte zu lächeln. Aber ihre Tränen flossen weiter.

Felix schien das zu faszinieren. „Du weinst und lachst ja gleichzeitig. Entsteht jetzt ein Regenbogen?“

„Fast“, antwortete Agnes. Und plötzlich wusste sie, wie sie es ihm erklären würde.

Sie atmete tief ein. Dann begann sie. „Ich hab euch so lieb. Bis zum Ende des Regenbogens und wieder zurück. Und ich bin froh, dass ihr einen so tollen und verlässlichen Papa habt. Deshalb lächle ich. Aber ich bin auch sehr traurig, weil mein Körper bald nicht mehr funktionieren wird, und dann ...“

Sie schluckte. „Dann muss ich sterben. Deshalb weine ich.“

Die Kinder weinten jetzt auch. Ebenso Rolf, der dazugekommen war und sie alle liebevoll drückte.

„Ihr drei seid meine Schätze“, flüsterte Agnes. „Von meinem Körper werde ich mich trennen, aber von euch bestimmt nie. Ich werde in eurer Nähe bleiben, aber nach meinem Tod werdet ihr mich nicht mehr sehen können.“

Felix klammerte sich an sie. „Ich will mit dir mitkommen. Mir ist es egal, wenn ich dann unsichtbar werde. Hauptsache, ich bin in deiner Nähe und kann mit dir kuscheln.“

Agnes blickte ihn liebevoll an. „Weißt du, Felix, du, Martin und Rolf, ihr könnt nicht so einfach gehen. Ihr habt hier noch viele Dinge zu erledigen. Und ich werde im Hintergrund bleiben und euch gute Energie schicken. Immer, wenn ihr einen Regenbogen seht, soll er euch daran erinnern, dass ich euch unglaublich lieb habe und wir uns irgendwann wiedersehen werden.

Aber noch lebe ich und jetzt haben wir wirklich genug über den Tod geredet. Mein Magen grummelt und eurer sicher auch. Zeit fürs Mittagessen.“

So kehrten sie wieder in den Alltag zurück. Sie aßen zu Mittag und danach kuschelten sie miteinander. Sie erzählten sich lustige Geschichten und lachten dabei.

Auch das Hospiz schauten sie sich an und waren froh, dass es da so hell und freundlich war. Als Agnes dorthin übersiedelte, besuchten Rolf und die Kinder sie jeden Tag. Ab und zu schliefen sie auch dort und gemeinsam erlebten sie noch viele schöne Momente.

So blieben ihre Liebsten bis zuletzt an ihrer Seite. Als Agnes schließlich verstarb, waren Rolf, Felix und Martin unglaublich traurig.

„Sogar der Himmel weint“, sagte Martin, während die Regentropfen ans Fenster prasselten. Doch kurz darauf kam wieder die Sonne zum Vorschein und mit ihr ein bunter Regenbogen.

„Schaut doch! Ein Gruß von Mama“, rief Felix. Und schon winkte er hinauf. Denn er war überzeugt davon, dass Agnes von dort oben für immer auf sie aufpassen würde.

BRÜCKE INS PARADIES

so wie Sonne und Regen
voneinander wissen
sich aber nicht berühren

so bin auch ich
ganz in eurer Nähe
aber nicht in eurem Blick

in magischen Momenten
werden unsere Seelen
einander berühren

sodass ein Regenbogen entsteht
der neue Hoffnung schenkt

mit seiner Buntheit
wird er zur Brücke des Möglichen

weil er uns hilft
daran zu glauben

dass der Weg
den wir suchen
geradewegs zum Paradies führt

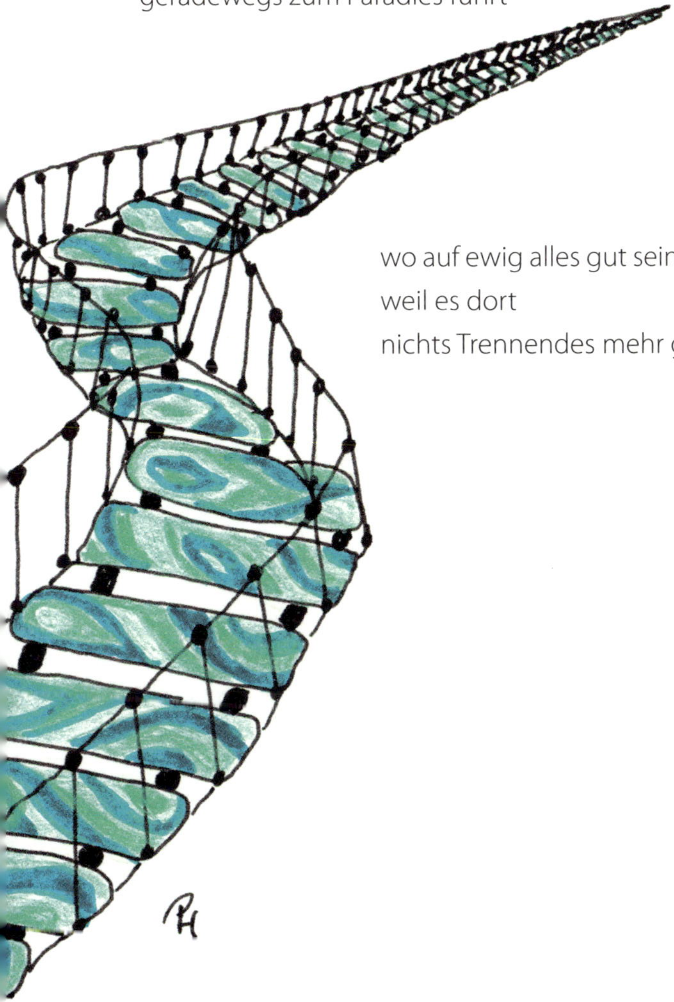

wo auf ewig alles gut sein wird
weil es dort
nichts Trennendes mehr gibt

DIE SIEGERIN

Ella hatte jahrelang gegen ihre Krebserkrankung angekämpft. Ihr Mann Max war an ihrer Seite gewesen. „Egal was kommt, ich bin immer für dich da“, hatte er versprochen.

Aber jetzt tobte er. Er konnte ihre Entscheidung nicht akzeptieren und versuchte mit allen Mitteln, Ella umzustimmen.

Dabei war sie so sicher, dass das, was sie heute im Krankenhaus vereinbart hatte, richtig war. Die behandelnde Onkologin hatte lange mit ihr gesprochen. Dass die Chemotherapie ihrem geschwächten Körper mittlerweile mehr Mühsal als Nutzen brachte. Dass die Erkrankung schon sehr weit fortgeschritten war und sie deshalb kein Arzt der Welt mehr stoppen konnte. Es war ein offenes Gespräch gewesen. Ella hatte sich ernst genommen gefühlt und deshalb auch den Mut gehabt, zu weinen. Und dann hatte sie sich entschieden, alle Tumortherapien abzubrechen.

Max war damit überhaupt nicht einverstanden. „Das kannst du nicht machen! Wenn du die Chemo beendest, stirbst du. Gib nicht auf! Du musst weiterkämpfen!“

„Ich sterbe sowieso“, erwiderte Ella. „Vielleicht würde ich mit der Chemotherapie einige Wochen dazugewinnen. Aber zu welchem Preis? Ich möchte nicht mehr kämpfen, sondern das, was mir wichtig ist, in Ruhe abschließen. Die Ärztin hat gesagt, dass es wirksame Schmerztherapien gibt und eine gute ambulante Unterstützung. Ich werde alles bekommen, was ich für meinen letzten Weg brauche."

„Bitte!", unterbrach Max sie, „hör sofort auf, so negativ zu reden! Vom letzten Weg bist du meilenweit entfernt. Weißt du was? Morgen fahren wir noch einmal ins Krankenhaus. Dort gibt es zum Glück noch andere Ärzte. Und die werden dir sicher bessere Therapien anbieten können."

Ella schüttelte traurig den Kopf, aber Max machte trotzdem einen neuen Ambulanztermin aus. Danach stritten sie, was schon ewig nicht mehr vorgekommen war.

Als sie am Abend ins Bett gingen, war es für sie schwierig, zur Ruhe zu kommen. Beide fühlten sich unverstanden und allein. So lagen sie weit voneinander entfernt auf ihren Matratzen und wälzten sich unruhig hin und her. Schließlich schliefen sie doch ein.

Max träumte vom Himmel. Zumindest hielt er den seltsamen Ort, an den er geraten war, dafür. Ein Engel zeigte ihm alles. Max beschritt mit ihm verschiedene Wege, die alle denselben Endpunkt hatten. Schweigend ging er mit seinem geflügelten Begleiter die Wege ab. Doch als er an einer Kreuzung wieder zwischen zwei Wegen auswählen sollte, konnte Max sich nicht mehr zurückhalten.

„Was soll das?“, rief er. „Ist doch völlig egal, welche Wahl ich treffe. Zum Schluss kommen wir ja doch immer ans selbe Ziel.“

„Stimmt“, gab ihm der Engel Recht, „alle Wege führen dorthin. Du hast deiner Frau versprochen, dass du immer an ihrer Seite sein wirst, egal wohin ihr Weg sie führt. Das Ziel ist klar. Entscheide also, wie der Weg heißen soll, auf dem du sie begleiten wirst! Gewinner- oder Verliererstraße?“

Als Max erwachte, hatte er einen Entschluss gefasst.

„Ich will deinen Weg durch meinen Eigensinn nicht noch beschwerlicher machen“, flüsterte er Ella zu und sagte den Termin im Krankenhaus ab. Dann umarmte er sie und strich ihr die Tränen fort. „Es tut mir leid, dass ich dich gestern mit deinem Kummer alleingelassen habe. Jetzt bin ich wieder an deiner Seite und werde deine Entscheidung mittragen.“

Und so begleitete er seine Frau auf ihrem letzten Weg. Manchmal fiel Max das sehr schwer, aber er blieb treu an ihrer Seite. Er ließ zu, dass Ella über das Sterben redete und sich dadurch Stück für Stück von ihm verabschiedete. So konnte sie ihren Weg zu einem guten Ende bringen.

Nach ihrem Tod saß Max noch lange bei ihr und betrachtete ihr friedliches Gesicht. Für ihn gab es keinen Zweifel daran, dass sie ihr Ziel erreicht hatte – als Siegerin.

NACH HAUSE

als du
vom Kämpfen müde

das Ende
deines Weges sahst

sprach Gott
komm endlich heim

und trug dich sanft
nach Haus´

VON DER HOFFNUNG DER SEIDENRAUPEN

Im fernen China lebte einst eine Seidenraupe namens Li Wum. Sie war eine gefragte Wissenschaftlerin.

Eines Tages erhielt sie den Auftrag, das Sterben ihrer Artgenossen zu erforschen. Sie packte alle erforderlichen Messinstrumente zusammen und begab sich auf ein Feld. Dort steckte sie ein Gebiet ab und begann mit ihren Forschungen. Li Wum führte Interviews, analysierte die Ergebnisse und berechnete die durchschnittliche Lebenserwartung ihrer Artgenossen. Besonderes Interesse widmete sie der Tatsache, dass alle Seidenraupen kurz vor ihrem Ende einen langen Faden produzierten und sich darin einwickelten. War dieser Vorgang beendet, erstarrte die verpuppte Raupe. Danach war kein Lebenszeichen mehr erkennbar.

Für Li Wum war die Beobachtung dieses langsamen Erstarrens sehr bedrückend. Die Vorstellung, dass auch ihr Leben so enden sollte, machte der Forscherin Angst. Umso erstaunlicher fand sie es, wie gelassen die Seidenraupen vor ihrer Verpuppung wirkten. Als Li Wum versuchte, diesem Phänomen auf den Grund zu gehen, entdeckte sie, dass die meisten Kokons nach einer gewissen Zeit leer waren. Und sie erfuhr, dass viele Seidenraupen an ein Weiterleben nach der Erstarrung glaubten.

Wie gerne hätte Li Wum dafür Beweise gefunden. Die Annahme, dass die Verpuppung nicht das Ende, sondern der Ausgangspunkt zu etwas Neuem war, hatte etwas sehr Tröstliches für sie. Doch leider gab es nichts, das diese These zweifelsfrei belegt hätte.

Also führte sie weitere Interviews.

Viele Seidenraupen glaubten, die Erstarrung im Kokon wäre nur ein Innehalten, bevor die eigentliche Verwandlung begann.

Es wurde darüber spekuliert, was danach passierte. Einige dachten, dass die Erstarrten zum gegebenen Zeitpunkt aus der dunklen Enge ausbrechen und geradewegs ins Licht treten würden. Besonders Verwegene

behaupteten sogar, die verpuppten Raupen würden sich in Flügelwesen verwandeln.

So viele Vermutungen, aber keine Beweise! Für eine fundierte wissenschaftliche Arbeit war das zu wenig. Li Wum schloss ihr Forschungsprojekt mit vielen offenen Fragen ab.

Danach war sie sehr erschöpft. Sie seufzte, denn sie ahnte, an welchem Punkt sie nun angekommen war. Dann begann sie einen Faden zu spinnen und blieb dabei erstaunlich ruhig. Vielleicht, weil sie von ihren Artgenossen gelernt hatte, dem Leben zu vertrauen.

Als Li Wum ihren Kokon fertig gesponnen hatte, erstarrte sie. Andere Wissenschaftler kamen, um sich von ihr zu verabschieden. „Jetzt hat sie ihre Ruhe gefunden“, sagten sie und legten Blumen für sie nieder.

Tage vergingen und nichts passierte. Doch dann fing der Kokon plötzlich an zu zittern.

Als Li Wum sich schließlich aus ihrem Kokon herausgearbeitet hatte, fühlte sie sich unendlich leicht. So leicht, dass sie ihre Flügel ausbreitete und davonflog.

WARUM

warum du
warum gerade jetzt
warum so

warum nicht
warum nicht ich
warum gerade ich nicht

warum
nicht gerade du
gerade jetzt
gerade so

warum

ABSCHIEDSWORTE IM HERBST

vielleicht
war es kein Zufall

dass dein Abschied
in die Zeit
herbstreifer Blätter fiel

deiner Buntheit
wurde damit

ein würdiger Rahmen verliehen

DER AHORNBAUM

Auf einer Wiese stand ein Ahornbaum. Er war schon viele Jahre dort, hatte einen knorrigen Stamm und kräftige Wurzeln. Mit seinen ausgebreiteten Ästen hieß er Sonne, Regen, Wind und Schnee willkommen.

Der Ahornbaum durchlebte alle Jahreszeiten. Er hatte im Winter Schnee auf den Zweigen, brachte im Frühling neue Knospen hervor, blühte im Frühsommer, war stolz auf die vielen Früchte im Herbst und schickte sie mit Hilfe des Windes auf Reisen.

So wechselten die Monate und vergingen viele Jahre. Den Menschen und Tieren war sein Dasein zu einer angenehmen Selbstverständlichkeit geworden. Doch irgendwann ging eine Veränderung vor sich. Die Vögel waren die Ersten, die diese Veränderung am Ahornbaum bemerkten.

„Was ist da los?", zwitscherten sie sich im Frühling zu. „Kann es sein, dass seine Blätter heuer langsamer aus ihren Knospen kriechen?"

Im Herbst erschraken sie über das häufige Knacken seiner Zweige und im Winter wunderten sie sich, dass der Ahornbaum so stark zitterte.

„Du siehst müde aus", sagte ein Spatz zum alten Baum.

Der Ahornbaum ließ seine Äste hängen und seufzte. „Manchmal weiß ich nicht, welchen Sinn mein Leben hat. Irgendwann wird es vorbei sein. Und dann? Viele Jahre habe ich mich bemüht, Blüten, Blätter und Früchte hervorzubringen. Ich spürte sie wachsen, um sie später wieder loszulassen. Denkst du, dass irgendetwas davon Bestand haben wird, wenn ich gestorben bin?“

„Davon bin ich überzeugt!“, piepste der Spatz.

Danach tschilpte er dem Baum ein Lied. So innig, wie man es nur für jemanden singen kann, den man sehr, sehr lieb hat.

„Danke“, flüsterte der Ahornbaum.

Dann starb er.

Traurig blieb der kleine Vogel auf seinem Ast sitzen.

„Es war schön mit dir, Baum! Ich werde dich nie vergessen“, piepste er und vergoss ein paar Tränen. So saß er und erinnerte sich an die vielen Stunden, die er zusammen mit seinem Freund verbracht hatte.

Später breitete er seine Flügel aus und flog zum nahe gelegenen Wald. Dort hatten einige Ahornsamen Wurzeln geschlagen und streckten ihre Triebe der Sonne entgegen.

Als der Spatz das sah, fühlte er sich ein wenig getröstet. Denn ein Teil seines Freundes würde hier weiterleben.

DU FEHLST UNS

so vieles von dir
vermissen wir

bis auf die Liebe

denn sie
wird uns immer
mit dir verbinden

IRGENDWANN VIELLEICHT

irgendwann vielleicht
können wir daran glauben
dass Knospen
die im Werden vergehen
nicht vergebens sind

irgendwann vielleicht
können wir begreifen
dass dein kurzes Dasein ausreichte
um für immer
Teil unseres Lebens zu bleiben

irgendwann vielleicht
werden wir erkennen
dass unser aller Atem
nur ein Hauch ist
im Wandel der Zeit

um dann irgendwann
hinter all dem
vielleicht ein Ganzes zu erahnen

das größer ist
als wir es jetzt
erfassen können

DER ATHEIST

Einst versammelten sich die Teilnehmer einer Kursgruppe in einem Steinbruch, um Grabsteine anzufertigen.

Jeder sollte seinen Namen in Stein meißeln, darunter sein Geburtsdatum schreiben und einen Platz für das Sterbedatum freilassen. Die weitere Gestaltung stand jedem frei und erfolgte je nach Talent und Interesse der Teilnehmer sehr individuell.

Beim Arbeiten ergaben sich Gespräche über das Leben, über das Sterben und natürlich auch über das große Danach. Letzteres war besonders interessant, weil die Gruppenteilnehmer verschiedenen Religionen angehörten. Es gab Muslime, Christen, Juden und Buddhisten. Sie tauschten sich über ihre Glaubenssätze aus und auch über wichtige Rituale bei der Bestattung. Unglaublich, wie vielfältig das alles war! Es gab aber auch Gemeinsamkeiten.

Ein Mann in der Gruppe glaubte nicht an ein Weiterleben nach dem Tod und mit der Religion hatte er es auch nicht so.

„Stell dir vor, du stirbst und danach kommt wirklich nichts mehr!“, sagte eine Kursteilnehmerin zu ihm. „Ist dir dieses Nichts dann nicht zu wenig?“

Der Mann pinselte den Staub von seinem Stein. „Ich finde, du konzentrierst dich zu sehr auf die eine

Seite der Medaille, während ich die andere Seite sehe."

„Wie meinst du das?", fragte die Frau und legte ihr Werkzeug zur Seite.

„Dir ist es enorm wichtig, was nach dem Tod passiert. Mir aber geht es vor allem um das Leben davor", antwortete der Mann. „Denn es kommt zum Schluss doch vor allem darauf an, was uns im Leben gelungen ist. Findest du nicht?"

Die Frau gab ihm Recht.

„Warum redest du dann so, als ob es bei mir nichts gäbe?", fuhr der Mann fort. „Jeden Tag versuche ich so zu leben, dass die Welt durch mein Dasein ein wenig heller wird. Ab und zu gelingt mir das. Und manchmal bin ich froh, dass ich es am nächsten Tag erneut probieren darf. Glaubst du wirklich, dass davon überhaupt nichts bleibt, oder wird nach meinem Tod vielleicht doch noch etwas sein?"

ALLES UND NICHTS

dein Tod
ändert nichts

was uns verbunden hat
wird immer sein

und doch
ändert er alles

denn unsere gemeinsame Welt
steht nun still

SCHLAFES BRUDER

manche behaupten
der Tod käme auf leisen Sohlen

heimtückisch
wie ein gemeiner Mörder
der aus dem Nichts heraus
zuschlägt

doch sie irren
denn der Tod
kommt nicht

vielmehr
ist er schon da
seit Anbeginn

wie eine Wurzel
die uns erdet

Tag für Tag
versucht er
sich bemerkbar zu machen

damit wir eines nie vergessen
zu leben

DIE FILZKUGEL

Eine Künstlerin erhielt den Auftrag, Trauer für Kinder verständlich darzustellen, und nahm sich vor, eine Filzkugel zu machen.

„Welche Farbe soll ich wählen?", fragte sie ihren Nachbarn.

Er hatte vor kurzem seine Frau verloren. Deshalb hatte er sofort eine Antwort parat. „Nimm Schwarz! Denn seit meine geliebte Ilse tot ist, kommt mir die Welt viel dunkler vor."

Die Künstlerin bat ihn, seine Trauer zu beschreiben.

Nach kurzem Nachdenken tat er es. „Die Trauer um meine Ilse schmerzt fürchterlich. Manchmal kommt es mir so vor, als wäre ich im Inneren eines Nadelkissens gefangen. Ich spüre die Nadeln, zucke zurück, aber ich kann ihren Spitzen nicht ausweichen. Es schmerzt den ganzen Tag. Beim Einschlafen, beim Aufwachen, immer."

Betroffen zog sich die Künstlerin in ihr Atelier zurück. Dort versuchte sie das Gehörte zu verarbeiten und fertigte eine fußballgroße, schwarze Filzkugel an, in die sie Nadeln steckte.

Bald darauf klingelte im Atelier die Türglocke. Es waren zehn Kinder, die alle einen schweren Verlust erlitten hatten. Die meisten trauerten um eine wichtige Bezugsperson, einige aber auch um ihr heißgeliebtes

Haustier. Die Künstlerin hatte für die Kinder verschiedene Stationen vorbereitet, wo sie spielen konnten oder Aufgaben lösen mussten. Sie stellte Fragen und lernte viel an diesem Nachmittag.

Die Kinder ließen ihrer Trauer freien Lauf. Manchmal klang ihr Weinen fast gleich wie ihr Lachen. Oder sie lachten und hatten dabei ganz traurige Augen. Die Künstlerin war fasziniert davon, wie viele Ausdrucksformen die Kinder für ihre Trauer fanden, aber auch, wie schnell sie aus ihrer Trauer herausfanden und wieder ins Spiel eintauchen konnten.

Je länger die Künstlerin die Kinder erlebte, desto mehr hatte sie das Gefühl, dass die schwarze Filzkugel der Kindertrauer nicht gerecht wurde. Am Abend waren die Kinder fort und die Künstlerin war voller neuer Eindrücke.

Nachdenklich stand sie im Atelier und zupfte an der Filzwolle herum. Da hatte sie plötzlich eine Idee. Sie nahm eine Glasperle und umwickelte sie mit Filzwolle. Das war der Ausgangspunkt für eine neue Filzkugel. Allerdings verwendete sie diesmal nicht nur schwarze Filzwolle, sondern verschiedene Farben. Schicht für Schicht veränderte sich die Kugel. Einmal war sie gelb, dann rot, blau, grün, grau und zum Schluss schwarz.

Äußerlich schaute die zweite Filzkugel nun völlig gleich aus wie die erste.

„Zeit, die Kugel ein wenig aufzupeppen“, murmelte die Künstlerin. Sie holte ein scharfes Messer und schnitt damit in die äußerste Filzschicht hinein.

Genau in dem Moment schaute der Nachbar durchs geöffnete Fenster. „Aufhören! Du wirst doch dein Kunstwerk nicht zerstören!“

„Aber nein“, antwortete die Künstlerin. „Ich versuche nur, es den Bedürfnissen der Kinder anzupassen.“

Sie hatte die Filzkugel mittlerweile bis zur Hälfte durchtrennt und klappte sie auseinander. Das Ergebnis war eine bunte Muschel, in deren Mitte eine Glasperle steckte.

„Schön“, sagte der Nachbar, „aber warum passt diese Muschel besser als meine schwarze Kugel?“

„Weil ich das Gefühl habe, Kinder brauchen etwas anderes als Schwarz“, antwortete die Künstlerin. „Was aber nicht heißt, dass sie nicht trauern würden. Der Schmerz des Verlustes holt sie immer wieder ein. Er sticht genauso wie bei dir. Nur haben Kinder die Fähigkeit, schneller aus ihrem Schmerz herauszukommen, und bleiben deshalb auch nicht darin gefangen.“

Der Witwer war blass geworden. „Ist meine Art zu trauern denn falsch?“

Die Künstlerin schüttelte den Kopf. „Es gibt kein Richtig oder Falsch. Jeder trauert auf seine Art und wir Erwachsenen eben anders als die Kinder. Wichtig ist nur, dass zum Schluss jeder seine Perle findet.“

„Eine Perle? Was meinst du damit?“

„Das“, antwortete die Künstlerin, „wirst du selbst herausfinden. Wenn es so weit ist, wirst du deine Perle erkennen. Durch sie wird manches leichter werden und die Welt auch wieder bunter.“

FÜR DICH

ich schenke dir eine Kerze
und wünsche dir
dass ihr Licht dir hilft
selbst in dunkelster Nacht
die Hoffnung nicht zu verlieren

ich schenke dir eine Blume
und wünsche dir
viel Kraft und Mut
damit du jeden Tag neu aufstehen
und deinen Weg
weitergehen kannst

ich schenke dir diese Karte
und wünsche dir Menschen
die für dich da sind
damit du deinen Kummer
nicht alleine tragen musst

und deshalb
steht hier auch meine Telefonnummer
damit du mich anrufen kannst
wann immer du mich brauchst

AN DER SCHWELLE DES LEBENS

In einem Weizenfeld lebte ein Weizenkorn mit Namen Will. Kopf an Kopf mit seinen Geschwistern fühlte er sich in seiner Ähre wohl und geborgen. Sein Dasein war sorglos und bequem.

Was aber nicht heißt, dass das ewig so bleiben muss, dachte Will. Denn er merkte, wie er sich veränderte. Erst war er klein und grün gewesen. Dann war er gewachsen. Und nun färbte er sich in helles Weizenblond. Auch seine Außenhülle wurde härter.

Wo das wohl alles hinführen würde? Will war gespannt.

„Glaubt ihr, wir waren immer schon zusammen in dieser Ähre?", fragte er seine Geschwister.

Seine Brüder und Schwestern lachten. „Was für eine Frage! Da wir hier festgewachsen sind, wird es wohl so sein. Und selbst wenn es anders wäre: Wen kümmert es?"

„Mich. Denn irgendwann wird es sicher anders sein. Möglicherweise ähnlich, wie es schon gewesen ist. Ich stelle mir den Übergang wie eine Tür vor, durch die wir gehen müssen."

Seine Geschwister lachten. „Von wegen Tür! Du denkst zu viel. Da kommt nichts mehr."

Aber er ließ sich seine Hoffnungen nicht nehmen.

Die Zeit verging. Eines Tages kam der Bauer auf sein Feld.

„Jetzt ist der Weizen genau richtig. Heute wird geerntet", freute er sich.

„Was meint er damit?", fragte Will und war fasziniert von dem Brummen der großen Erntemaschine, die der Bauer lenkte.

Seine Geschwister aber zitterten, denn der Bauer fuhr damit direkt auf sie zu.

Kein Korn blieb neben dem anderen. Mithilfe der Erntemaschine schnitt der Bauer alle Halme ab und trennte die Spreu vom Weizen. Sowohl Will als auch seine Geschwister wurden kräftig durchgeschüttelt und dann auch noch in einen muffigen Sack gefüllt. Die Jutesäcke wurden verladen und ab ging es damit in die Scheune.

Wills Bruder Mex schnaubte verächtlich. „Wenn dieses quietschende Scheunentor die Tür ist, zu der wir zeitlebens unterwegs waren, dann wäre es mir lieber, wir wären da nie angekommen."

„Könnte doch sein, dass die Scheune nur ein Durchgangsort ist. Womöglich wartet noch etwas viel Besseres auf uns", meinte Will und hoffte, dass er damit Recht hatte.

Woche um Woche verging. Während der Wintermonate war es in der Scheune kalt und dunkel. Doch dann wurden die Tage wieder milder. Der Bauer öffnete das Scheunentor, belud seinen Traktor und fuhr damit aufs Feld, um die Weizenkörner auszusäen.

Will sank in die Erde und wartete. Es war dunkel, aber er spürte die Wärme der Sonne und das Sickern der Regentropfen. Und während er von seinem bisherigen Dasein Abschied nahm, wurde seine Schale dünner und dünner. Bald war von seiner Hülle kaum mehr etwas übrig. Doch das, was ihn wirklich ausmachte, blieb.

Als Will schließlich an der Schwelle des Lebens ankam, wurde er zum Keimling. Er wuchs dem Licht entgegen und staunte über das Leben und seine vielen Wunder, die er wohl nie zur Gänze begreifen würde.

WAS UNS ERDET

nicht die Fülle des Lebens
erdet uns Menschen

sondern die Gewissheit
von Endlichkeit und Tod

ABSCHIED VON LUCIE

Auf Lucies Platz liegen Blumen. Es sind Abschiedsblumen, denn Lucie ist tot.

Alle sind traurig darüber.

Lucie liebte die Farben. Vor allem Lila und Knallgrün, Dottergelb und Brombeerviolett.

Manchmal malte sie mit Mona bunte Klecksbilder. Dabei hatten die beiden jede Menge Spaß.

An guten Tagen lachte Lucie viel. Sie kletterte auf Bäume und hatte lauter verrückte Ideen. Aber es gab auch schlechte Tage. Da war sie schweigsam und hatte Angst. Keiner wusste, wovor. Nur, dass sie da war, die Angst, und Lucie die Luft zum Atmen nahm.

Die Angst wuchs und wuchs und wurde für Lucie zu einem riesigen Monster, das sie überallhin verfolgte.

Das Schattenmonster nahm Lucie den Blick zur Sonne und die Freude an den Farben. Irgendwann war für Lucie alles nur mehr grau in grau.

Das machte sie traurig. Und manchmal so richtig wütend. Vor allem aber machte es sie krank. So krank, dass sie nicht mehr leben wollte.

In einem besonders grauen Moment hat sie es dann getan: Sie nahm sich das Leben.

Mona vermisst Lucie. Sie hatte sie so lieb. Ohne sie kommt ihr die Welt viel blasser vor. Ihr fehlen Lucies lila-knallgrünen Einfälle, ihr Lachen, vor allem aber das Kuscheln mit ihr.

Mama hat Mona in den Arm genommen: „Wir müssen jetzt zusammenhalten“, hat sie gesagt. „Wenn du traurig bist oder Angst hast, dann bin ich für dich da. Wir können miteinander reden, einander die Hand halten, gemeinsam weinen oder uns umarmen.“

Sie hat Mona auch erklärt, dass man einen Arzt um Hilfe bitten kann, wenn es einem ganz schlecht geht. Der wird alles tun, um das Schattenmonster zu vertreiben.

Manchmal malt Mona mit ihrer Mama ein Bild für Lucie. Mit grünen, dottergelben und brombeervioletten Klecksen. Aber auch mit Silberfäden, mit purpurrosa Herzen und himmelblauen Tränen. Ganz so, wie es Lucie gefallen hätte.

Persönliche Anmerkung: Diese Geschichte ist ein Versuch, den Suizid einer nahestehenden Person einem Kind zu erklären. Auch wenn es schwerfällt: Man sollte Kindern niemals etwas vormachen (z. B. „sie hatte einen Unfall“), denn meist wissen sogar Außenstehende darüber Bescheid, was wirklich passiert ist. Die Wahrheit kommt meist irgendwann ans Licht und ist doppelt schmerzhaft für das Kind, wenn die Vertrauenspersonen es jahrelang angelogen haben.

WENIGSTENS EIN BISSCHEN

wenn Tränen allein
unser Leid
nicht lindern können

und uns für das
was passiert ist
die Worte fehlen

wenn unsere Gedanken
es nicht fassen können
und viele Fragen offenbleiben

dann hilft es uns vielleicht
wenigstens ein bisschen

den unsagbaren Schmerz
herauszulassen

um ihn
mit anderen zu teilen

wenn wir denken
der Tod wäre ein gemeiner Dieb
der uns alles genommen hat

wenn wir Angst davor haben
ins Bodenlose zu fallen
weil du
nun nicht mehr da bist

dann hilft es vielleicht
wenigstens ein bisschen

uns an all das Schöne mit dir
zu erinnern

um über den Tod hinaus zu spüren
dass die Liebe
unsere Verbindung zu dir

für immer
lebendig halten wird

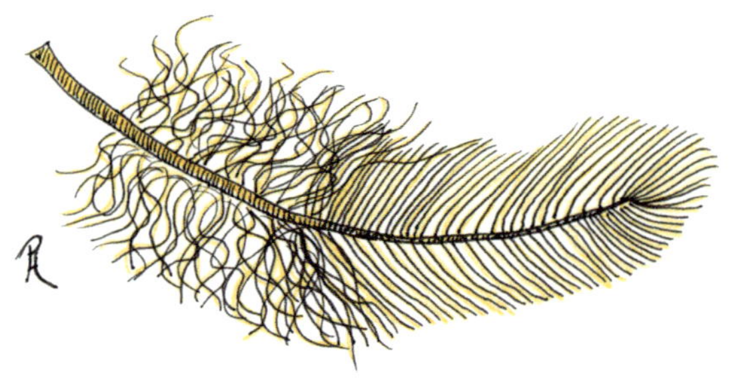

DAS APFELBÄUMCHEN

Hannah und Fritz erwarteten ein Kind und freuten sich unglaublich darauf. Seine ersten Bewegungen – sanft wie die Flügelschläge eines Schmetterlings – kamen ihnen vor wie ein Wunder.

Sie trafen unzählige Vorbereitungen für seine Ankunft. Sogar einen Apfelbaum hatte Fritz gekauft. Stolz ging er damit zu seiner Frau.

„Den werde ich zur Geburt unseres Kindes in den Garten pflanzen", erklärte er. „Denn jeder Baum, der seine Zweige der Sonne entgegenstreckt, macht die Welt zu einem besseren Ort. Und unser Kind soll den besten Ort bekommen, den es sich nur vorstellen kann."

Doch dann kam alles anders.

Das Unfassbare passierte zwei Monate vor der Geburt. Da hörte das kleine Herz des Babys plötzlich auf zu schlagen.

Hannah gebar ihr Kind im Krankenhaus. Es war eine Tochter mit wuscheligen, braunen Haaren. Hannah und Fritz gaben ihr den Namen Mia.

Mias kleine Ohren, ihre Stupsnase, ihre Finger: Alles war perfekt. Trotzdem war sie tot. Die verwaisten Eltern hielten ihre süße Tochter fassungslos im Arm und weinten. In ihrem Schmerz waren sie wie gelähmt.

Auch die Großeltern, die Freunde und Nachbarn waren furchtbar traurig. Sie hätten so gerne etwas Tröstendes gesagt. Doch es gab nichts, das Hannah und Fritz ihr Leid hätte nehmen können.

Als Fritz nach Mias Beerdigung in seinen Garten kam, war er so voller Gram, dass er den Apfelbaum am liebsten in die pralle Sonne gestellt hätte, um ihn verdorren zu lassen. Voller Wut nahm er ihn und ging mit ihm ein paar Schritte zur Terrasse, aber irgendwie erschien ihm sein Vorhaben nicht richtig. Also stellte er das Apfelbäumchen an seinen bisherigen Platz zurück und gab ihm Wasser.

Einige Wochen später war er mit Hannah im Garten und fragte sie, was sie mit dem Apfelbaum im Topf machen sollten. Hannah beugte sich hinunter und besah die kleinen Zweige. Sie hatten neue Blätter bekommen und bewegten sich sacht im Wind.

Die Tränen rannen ihr über die Wangen, denn sie erinnerte sich an die zarten Bewegungen von Mia in ihrem Bauch.

„Soll ich den Baum weggeben?", fragte Fritz. „Dann reißt er bei uns nicht dauernd neue Wunden auf."

Doch Hannah widersprach ihm. „Das würde unseren Schmerz auch nicht lindern. Pflanze ihn lieber ein, damit er uns immer an Mia erinnert! Noch wohnt viel Traurigkeit in unserem Garten. Aber Mias Baum wird trotzdem wachsen und Früchte tragen. Und so kann er uns irgendwann vielleicht neue Hoffnung schenken."

Nachdem sie den Baum eingepflanzt und gegossen hatten, standen sie Hand in Hand davor und hofften, dass er gut anwachsen würde.

„Weißt du noch", fragte Fritz, „wie ich damals gesagt habe, Mia würde die Welt zu einem besseren Ort machen? Irgendwie tut sie es immer noch. Denn die Liebe zu ihr lebt weiter, wie dieser Baum. Noch ehe sie da war, haben wir Mia bereits geliebt. Ihr Tod kann nichts daran ändern. Denn die Liebe zu ihr wird bleiben und für immer ein Teil von uns sein."

NOCH EHE DU KAMST

noch ehe du kamst
warteten wir bereits auf dich

noch ehe du kamst
haben wir dich schon geliebt

noch ehe du kamst
verloren wir dich wieder

nichts ist mehr so
wie es früher war

denn bevor du gegangen bist
hast du uns verändert

noch ehe du kamst
hast du unser Leben bereichert

nicht alles davon
haben wir verloren

die Liebe zu dir
wird bleiben

FÜR IMMER IN UNSEREN HERZEN

du warst noch
so klein

und schon so
vollkommen

DIE SUCHE NACH DEM GLÜCKLICHSTEN MENSCHEN

Vor vielen, vielen Jahren lebte ein König, der es liebte, sich mit anderen zu messen. Er suchte sich eine hübsche Frau, die besonders klug war, bekam mit ihr Kinder, die besonders schön waren, hatte nur Pferde im Stall, die besonders schnell waren, und lebte in der prächtigsten Schlossanlage weit und breit.

Die Jahre vergingen. Die kluge Königin brillierte in allen Wissensbewerben und ihre schönen Kinder wurden erwachsen und suchten nach makellosen Partnern. Die Pferde gewannen jedes Rennen und der Schlossgarten war so schön, dass er weit über die Grenzen des Königreichs hinaus bekannt war.

„Und jetzt möchte ich wissen, wer der Glücklichste im Land ist", sagte der König.

Er schickte seine Boten aus, um diese besondere Person ausfindig zu machen. Insgeheim hoffte er, es wäre seine Frau. Aber sie war so ins Nachdenken vertieft, dass sie keine Zeit zum Glücklichsein hatte. Auch seine Kinder kamen nicht in Frage, denn sie waren derart auf die Auswahl des vollkommenen Heiratskandidaten fixiert, dass sie sich noch nie verliebt hatten.

„Ob ich der Glückliche bin?", fragte sich der König.

Doch als er in sich hineinhorchte, merkte er, dass er gar nicht wusste, wie Glück sich anfühlte. Er war immer so damit beschäftigt gewesen, besser zu sein als die anderen, dass er es versäumt hatte, sein Leben zu genießen.

Auch der Hofgärtner mit seinem wunderschönen Garten kam als Anwärter des glücklichsten Menschen nicht in Frage. Zu groß war der Druck, immer alles richtig zu machen, um den hohen Anforderungen des Königs zu genügen.

Die Diener suchten lange und fanden schließlich eine alte Frau, von der sie glaubten, sie sei die Richtige. Der König lud sie in sein prunkvolles Schloss ein. Doch die Frau wollte lieber in ihrem Garten bleiben und sprach deshalb eine Gegeneinladung aus.

Da der König so neugierig auf sie war, nahm er ihr diese Eigenmächtigkeit nicht übel. Er ließ seine schnellsten Pferde vor die Kutsche spannen und sich damit zum Haus der alten Dame kutschieren.

Inmitten vieler Gänseblümchen saß sie auf ihrem Liegestuhl im Garten und genoss die Sonne. Der König staunte, wie ruhig sie trotz seiner Ankunft blieb. Bei ihm im Palast ging es viel hektischer zu. Alle hatten immer furchtbar viel zu tun. Und niemand hatte Zeit, sich eine Sonnenpause zu gönnen.

Er setzte sich in den zweiten Liegestuhl, den ihm die Frau als Ruhemöbel anbot. Mit ausgestreckten Beinen lag der König im Garten, hörte dem Vogelgezwitscher zu und genoss es, einfach nichts zu tun. Doch dann bekam er Hunger.

„Du hast mir sicher ein königliches Mahl zubereitet", sagte er zu seiner Gastgeberin.

Doch sie schüttelte den Kopf. „Ich weiß etwas viel Besseres. Wir kochen gemeinsam. Auf was hättest du denn Lust?"

Sie öffnete die Vorratskammer, damit er sich etwas Gutes aussuchen konnte.

So half der König das erste Mal in seinem Leben beim Kochen. Danach aß er knusprige Bratkartoffeln, die er selber angeröstet hatte, und knackigen Salat mit Tomaten und frischen Kräutern aus dem Garten.

Nach dem Essen kam er zu seinem Anliegen: „Meine Diener glauben, dass du die glücklichste Person in meinem Reich bist. Kannst du mir dein Geheimnis verraten? Was macht dich so glücklich?"

Die alte Frau lachte. „Aber das ist doch kein Geheimnis. Es gibt vieles, das mich glücklich macht. Zum Beispiel meine Kinder, besonders, wenn sie mich mit den Enkeln besuchen kommen. Die Blumen und Früchte meines Gartens. Meine Katze, wenn sie sich auf meinen Schoß setzt und schnurrt, oder die Vögel, wenn sie frühmorgens anfangen zu zwitschern."

„Aber du bist alt", gab der König zu bedenken, „und wie mir meine Diener erzählt haben, auch krank. Hast du da nicht Angst, dass du bald sterben könntest und dein ganzes Glück dann vorbei ist?"

Nachdenklich schaute sie ihn an. „Ich finde, die Angst vor der Zukunft ist keine gute Gesellschaft. Noch lebe ich und will mein Leben auch genießen."

„Aber wenn du stirbst", bohrte der König nach, „wie wird es dann sein?"

„Dann", antwortete die alte Frau und schloss versonnen die Augen, „dann hilft es vielleicht, dass ich im Leben alles gemacht habe, was mir wichtig war. Angst und Trauer sind bei so einem großen Abschied normal. Aber all die schönen Erinnerungen, die mir geschenkt wurden, werden das Schwere aufwiegen."

Danach legte sie sich wieder in ihren Liegestuhl im Garten, denn das Gespräch hatte sie müde gemacht. Sie schlief sofort ein und hätte wohl nichts dagegen gehabt, wenn der König sich neben ihr ebenfalls ausgeruht hätte. Aber der hatte Wichtigeres zu tun und fuhr deshalb eilig ins Schloss zurück.

Dort suchte er seine Frau und seine Kinder und erzählte ihnen, was er gerade erlebt hatte. Dann umarmte er sie, denn er hatte sie – unabhängig von ihrer Klugheit und ihrem Schönsein – unglaublich gern. Bisher hatte er vergessen, ihnen das zu zeigen, und das wollte er nun ändern.

Im Garten der alten Frau war ihm nämlich einiges klar geworden. Er wollte seine Energie vorwiegend für das verwenden, was ihm im Leben wirklich wichtig war. Und als er die glücklichen Gesichter seiner Lieben sah, wusste er, dass er damit auf einem guten Weg war.

ERFÜLLUNG

vielleicht
kommt es am Ende
nicht auf die Dauer an

sondern
auf die Intensität

mit der wir
gelebt haben

TRAUERWOLKEN

Eine Familie hatte ihr Liebstes verloren.

„Sie war uns wie die Sonne“, stand unter dem Foto der Verstorbenen, die alle so schmerzlich vermissten. Entsprechend dunkel war es nun im Trauerhaus.

Natürlich gab es auch noch die richtige Sonne am Himmel. Aber die blendete die rotgeweinten Augen der Hinterbliebenen und war ihnen viel zu grell.

Da kam ein Freund mit einer Kerze und stellte sie der Trauerfamilie auf den Tisch. Die Kerze war ein wenig gekrümmt, aber als der Nachbar ihren Docht entzündete, tauchte sie die dunkle Stube in ein wärmendes Licht. Die zarte Flamme verbreitete einen heimeligen Schein.

Feierlich versammelte sich die ganze Familie um die Kerze. Gemeinsam dachten sie an ihre Verwandte, mit der sie so viel Helles erlebt hatten. Und so war es ihnen zum ersten Mal möglich, aus ihrer Einsamkeit auszubrechen.

Im warmen Kerzenschein kamen ihnen viele schöne Erinnerungen. Das Licht ermunterte sie dazu, über die Verstorbene zu reden. Sie lachten und weinten und teilten ihren Schmerz.

Der schwere Verlust verdunkelte den Raum zwar noch immer, aber im flackernden Licht der Kerze wurde er zu etwas Gemeinsamem und war deshalb leichter zu ertragen.

DANKE, PAPA,

… für die vielen gemeinsamen Stunden mit dir,
… für dein Dasein und deine Nähe, wenn ich sie gebraucht habe,
… für deinen Humor und die Ruhe, mit der du an Herausforderungen herangegangen bist,
… für die köstlichen Palatschinken, die du uns immer gebacken hast,
… für deine lustigen Ideen und die vielen Orte, die ich gemeinsam mit dir entdecken durfte,
… für dein Vertrauen in meine Fähigkeiten. Du hast mir geholfen, optimistisch nach vorn zu blicken.

Danke, Papa, für alles, was du für mich getan hast. Vor allem aber für deine große Liebe. Sie und die vielen schönen Erinnerungen werden bleiben und uns immer miteinander verbinden.

Bitte verändern Sie den Text so, dass er für Ihren Vater passt!

WIDER DIE ANGST

Rückschau halten
und Gewesenes
als gut erkennen

macht das Sein
im Jetzt
erträglicher

und mehrt mein Vertrauen
dass Kommendes
was es auch bringen mag

letztendlich
bewältigbar sein wird

DANKE, OMA,

… für deinen Eifer, mich zu verwöhnen,
… für die vielen Stunden, in denen du mir von früher erzählt hast,
… für die vielen Lieblingsgerichte, die du für mich gekocht hast,
… für deinen Humor und deine Bastelideen,
… für dein Kartenspielen mit mir,
… für dein Lächeln, wenn du mich dabei beim Schummeln erwischt hast,
… für dein offenes Ohr und deine Güte,
… für deine Lebenserfahrung, die du mir nie unter die Nase gerieben hast,
… für die Offenheit, auch über dein Sterben zu reden. Das hat mir viel von meiner Angst genommen.
… für deinen Glauben an das Gute und deine Bereitschaft, mir möglichst viel davon zu schenken,
… vor allem aber für deine große Liebe, die mich hat wachsen lassen und zeit meines Lebens begleiten wird.

Wie muss der Text aussehen, damit er für Ihre Oma zur Dankesrede wird?

ENGELSFLÜGEL

Liam ist hartnäckig. Besonders dann, wenn er etwas wissen möchte.

„Warum musste mein Baby-Bruder Elias so früh sterben? Er war doch noch so klein und wir hätten ihn so gerne bei uns behalten. Bekommt er jetzt im Himmel Flügel oder hat er die schon auf der Erde gekriegt?“

So vieles möchte Liam wissen. Aber leider hat er bisher keine brauchbaren Antworten erhalten. Die meisten Erwachsenen bekommen bei solchen Fragen nämlich feuchte Augen und werden stumm. Oder sie haben plötzlich ganz wichtige Dinge zu erledigen, sodass zum Fragenbeantworten leider keine Zeit mehr bleibt.

Deshalb hat Liam sich angewöhnt, andere Fragen zu stellen. Fragen, in denen sein kleiner Bruder nicht vorkommt. Obwohl er diese Fragen eigentlich alle nur wegen Elias stellt.

Er fragt: „Wächst man noch, wenn man in den Himmel kommt?“ Oder: „Wann bekommen Engel Flügel?“ Und interessanterweise antworten die Erwachsenen darauf.

„Engel bekommen keine Flügel, weil sie bereits welche haben. Sonst wären sie ja keine Engel“, erklärt zum Beispiel die Oma. Sie ist überzeugt davon, dass im Himmel niemand mehr wächst, und erklärt auch gleich, warum: „So, wie man im Himmel ankommt, ist man genau richtig. Da braucht man nicht mehr zu wachsen oder sich sonst irgendwie zu verändern. Man wird genau so angenommen, wie man ist."

Onkel Klaus, der für einen Mann ziemlich klein geraten ist, sieht das etwas anders. „Das mit den Engelsflügeln weiß ich nicht so genau. Aber ich denke, dass die Flügel spätestens dann wachsen werden, wenn der erste Erkundungsflug ansteht. Was deine zweite Frage betrifft: Ich glaube, ein Weiterwachsen im Himmel ist möglich. Und zwar so lange, bis man seine Wunschgröße erreicht hat. Man wächst aber nicht nur größenmäßig, sondern vor allem in der Fähigkeit, andere lieb zu haben. Diese Art des Wachsens lernt man von Gott."

Liam nimmt an, dass es im Himmel schön ist. Und er ist froh, dass Elias dort einen guten Platz gefunden hat.

Bei uns hätte er es aber auch schön gehabt, denkt er und seufzt. Denn er ist sehr traurig darüber, dass sein kleiner Bruder nicht mehr da ist.

Da er auf seine wichtigste Frage noch immer keine zufriedenstellende Antwort hat, fragt er weiter.

„Kann man sich im Himmel noch verändern?"

„Warum willst du das wissen?", fragt eine Nachbarin.

„Weil … wegen meinem Baby-Bruder. Als er tot war, hat Omi behauptet, er wäre nun ein Engel. Aber er hatte keine Flügel, als er gestorben ist. Also müssen die Engelsflügel jetzt ganz schnell nachwachsen. Sonst ist er vielleicht der einzige Engel im Himmel, der nicht fliegen kann."

Während Liam das sagt, bekommt er eine ganz hohe Stimme, denn er möchte nicht, dass Elias deshalb traurig ist.

Da nimmt ihn die Nachbarin in ihre Arme und streichelt Liam sanft über den Rücken. „Du hast deinen Bruder sehr, sehr gern und möchtest, dass es ihm gut geht. Gott liebt ihn ebenfalls und wird dafür sorgen, dass Elias sich im Himmel wohlfühlt. Falls Fliegen für Engel wirklich so wichtig ist, bin ich überzeugt davon, dass dein kleiner Bruder mittlerweile wunderschöne Engelsflügel hat und überall damit herumfliegt."

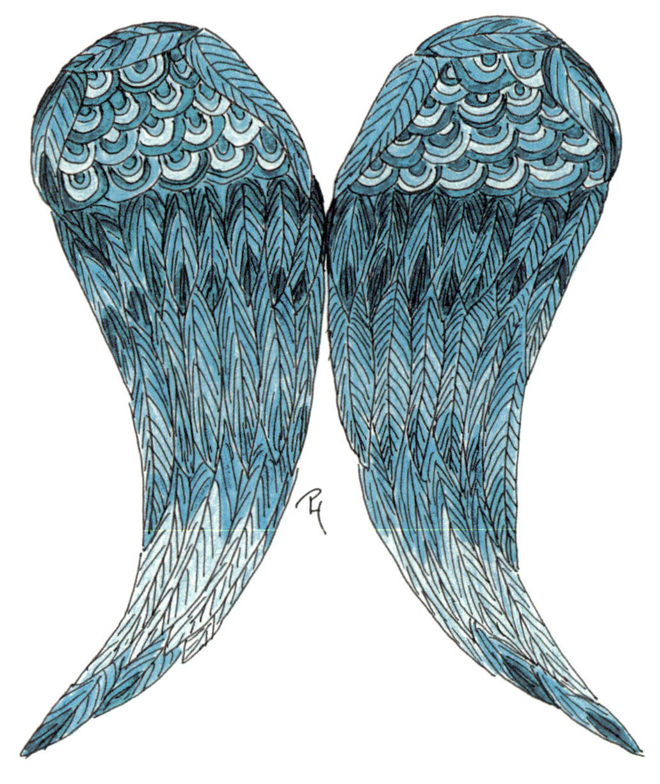

LEB WOHL, KLEINER ENGEL

viel zu früh
spannte unser Liebstes
seine Flügel aus

gab sich hin
und wurde dabei
zum Engel

FLUCHTENDE

kleiner Vogel Hoffnung

neuen Ufern
nur Flügelschläge fern

unter aller Himmel

hilflos verstummt

Zur Erinnerung an den dreijährigen Flüchtling Aylan Kurdi, der wie sein älterer Bruder und seine Mutter in der Nähe von Bodrum ertrank und an den Strand gespült wurde.

Hier noch ein wortloser Platz für Betroffenheit. Gewidmet allen Menschen, die voller Hoffnung aufbrachen und während ihrer Flucht ums Leben kamen.

WINDZEICHEN

„Manchmal ist es möglich, dass Menschen nach ihrem Tod ein Zeichen setzen“, sagte der Lehrer zu seinen Schülern. „Von drei Beispielen, die mir zu Ohren gekommen sind, möchte ich euch erzählen.

Der Erste, der starb, war ein Krieger. Nach seinem Tod fegte ein Tornado mit mehr als 350 Stundenkilometern über das Land hinweg und hinterließ eine Spur der Verwüstung. Die Schäden waren so verheerend, dass man noch Jahre später von diesem fürchterlichen Sturm sprach.

Der Zweite, der starb, war ein Clown. Ein Föhnsturm kam auf. Er blies den Männern den Hut vom Kopf, wirbelte den Langhaarigen ihre Frisuren durcheinander, trieb die Kinderdrachen in die Höhe und klapperte an den Fensterläden. Die Freunde des Clowns mussten trotz ihrer Trauer lächeln, denn es sah so aus, als ob der Wind es sich zur Aufgabe gemacht hätte, die Späße ihres Freundes fortzuführen.

Der Dritte, von dem ich euch erzählen möchte, war ein Sozialarbeiter. Als er im Sterben lag, war seine Gattin bei ihm im Krankenhaus und hielt seine Hand. Nach seinem Tod blieb die Frau noch lange an seinem Totenbett sitzen. Aber dann wurde es Zeit für sie zu gehen. Draußen war es bitterkalt. Die Tränen, die ihr über die Wangen liefen, wurden zu Eis und ein Gefühl tiefer Einsamkeit durchströmte die Frau. Da spürte sie plötzlich eine laue Brise. Die Brise hüllte sie ein wie ein warmer Mantel und begleitete sie auf dem gesamten Heimweg."

ALS DU GINGST

als du gingst
blieb der erwartete Sturm aus

dabei dachte ich
dass Wind aufkommt
wenn eine große Seele
davonzieht

unsere Welt erzitterte
als du gingst

doch der Wind
wagte nur zu flüstern

er lehrte mich
dass die wirklich großen Seelen

sich auch im Säuseln
bemerkbar machen können

STERNENGEFLÜSTER

und wenn ich gegangen
in sternheller Nacht

der Mühsal entronnen
der Schwere entschwebt

dann öffne die Fenster
atme den Wind
und spüre

ich habe gern gelebt

WEITERE BÜCHER VON PETRA HILLEBRAND

Petra Hillebrand
Flieg, kleiner Schmetterling
Gedanken zur Trauer um ein Kind

Mit ihren Trauergedichten findet Petra Hillebrand den richtigen Ton, um Eltern dabei zu helfen, ihrer Trauer über den Verlust eines Kindes Ausdruck zu verleihen.

44 Seiten, 20 farbige Abbildungen, gebunden
ISBN 978-3-7022-2992-4

Petra Hillebrand
Kurzgeschichten für Feiern und Gottesdienste
Taufe, Hochzeit, Beerdigung

Einfühlsame Geschichten und prägnante Texte geben viele Anregungen zur persönlichen Gestaltung von Taufen, Hochzeiten und Trauerfeiern.

128 Seiten, 12 Schwarzweiß-Abbildungen
durchgehend zweifarbig gedruckt, Broschur
ISBN 978-3-7022-2573-5

Nachhaltige Produktion ist uns ein Anliegen; wir möchten die Belastung unserer Mitwelt so gering wie möglich halten. Über unsere Druckereien garantieren wir ein hohes Maß an Umweltverträglichkeit: Wir lassen ausschließlich auf FSC®-Papieren aus verantwortungsvollen Quellen drucken und verwenden Farben auf Pflanzenölbasis. Wir produzieren in Österreich und im nahen europäischen Ausland, auf Produktionen in Fernost verzichten wir ganz.

Mitglied der Verlagsgruppe „engagement“

Umschlaggestaltung: stadthaus 38, Innsbruck
Layout und digitale Gestaltung: Tyrolia-Verlag, Innsbruck
Lithografie: Artilitho, Trento (I)
Druck und Bindung: FINIDR, Tschechien
ISBN 978-3-7022-3832-2 (gedrucktes Buch)
ISBN 978-3-7022-3833-9 (E-Book)
E-Mail: buchverlag@tyrolia.at
Internet: www.tyrolia-verlag.at